Inhalt

**Zielgruppe Kinder und Jugendliche:
Markenbewusstsein auf hohem Niveau**

Kernthesen

Beitrag

Fallbeispiele

Weiterführende Literatur

Impressum

Zielgruppe Kinder und Jugendliche: Markenbewusstsein auf hohem Niveau

E.Krug

Kernthesen

- Hinter deutschen Kindern und Jugendlichen steht ein immenses Marktpotenzial; die Kaufkraft dieser Zielgruppe ist heute enorm, die Tendenz steigend. (1), (2), (3), (4), (5)
- Das Konsumverhalten der Kids wird bestimmt von einem ausgeprägten Markenbewusstsein, eine Konsumkrise existiert für diese Zielgruppe nicht. (2), (5), (6)

- Obwohl neue Ansätze ein Umdenken in der Branche erkennen lassen, werden Kinder und Teenager als Verbraucher immer noch unterschätzt und im Marketing-Prozess nicht genügend berücksichtigt. (1), (6)

Beitrag

Wirtschaftskrise, Konsumflaute, Discountfieber, etc., sämtliche brisanten Einflussfaktoren, die sich in letzter Zeit auf das allgemeine Konsumverhalten ausgewirkt haben, scheinen die Kids nicht zu berühren. Wie die aktuelle Kids-Verbraucheranalyse KVA 2003 (vgl. Cases) zeigt, ist die Freude am Konsum bei Kindern und Jugendlichen ungetrübt, das Markenbewusstsein ausgeprägter denn je und kann in vielen Fällen durch eine beachtliche Finanzkraft ausgelebt werden. (1), (2), (3), (4), (5)

An Kindern und Teenagern wird nicht gespart

Die Kaufkraft der Kids zwischen sechs und 19 Jahren ist, laut der KVA, in den letzten zwei Jahren trotz wirtschaftlicher Krisenzeiten um 24% auf 20,43 Milliarden Euro gestiegen. Grund für diesen azyklischen enormen Aufwärtstrend ist die Tatsache, dass an den Kindern zuletzt gespart wird. Durchschnittlich hat diese Verbraucher-Gruppe monatlich 73 Euro aus Taschengeld und Jobs zur Verfügung. Dazu kommen beachtliche Geldgeschenke zu Weihnachten und zum Geburtstag. Von den Befragten sparen 17% ihr gesamtes Einkommen, 18% dagegen geben alles aus, 65% sparen und konsumieren.

Im Gegensatz zur allgemeinen Konsumzurückhaltung zeigt der Kinder- und Jugendmarkt eine ansehnliche Dynamik. Dazu gehören in erster Linie Handys, Zeitschriften, Süßigkeiten, CDs, Fast-Food, Kino, Mode- und Sportartikel. (2), (3), (5)

Bei den Kaufentscheidungen stehen die Marken im Mittelpunkt, denn diese an und für sich sehr heterogene und deshalb schwer fassbare Zielgruppe zeigt, lt. der KVA Kinder-Typologie, die auf der Kids-Verbraucheranalyse basiert (vgl. Cases), ein äußerst ausgeprägtes und sehr homogenes Markenbewusstsein. Die richtige Marke spielt besonders bei der Auswahl eines Handys eine große Rolle, gefolgt von Sportschuhen, Jeans und sonstiger Bekleidung. Jüngere Kinder zwischen sechs und 12 Jahren sind hauptsächlich bei der Auswahl ihrer Sportschuhe, Schultaschen, süßen Brotaufstrichen und Eis auf bestimmte Marken fixiert. (4), (5)

Für viele Heranwachsende sind Schulden kein Fremdwort

Eine weitere Studie zum Thema Finanzkraft junger Verbraucher, die aktuelle Studie des Instituts für Jugendforschung (IJF), ein Unternehmen der Roland-Berger-Gruppe (München), bestätigt, dass die Kaufkraft deutscher Jugendlicher erstaunlich groß ist. Bei den 1210 Befragten handelt es sich allerdings um 13- bis 24-Jährige. Diese verfügen mit 62,1 Milliarden Euro über 10 Milliarden Euro mehr als im Vorjahr. Lt. der IJF-Studie haben die 13- bis 17-Jährigen im Durchschnitt 152 Euro pro Monat zur Verfügung, die 18- bis 20-Jährigen 477 Euro, 21- bis 28-Jährige 820 Euro.
Die Erhebungseinheit dieser Studie umfasst durchschnittlich eine ältere Zielgruppe als die der Kids-KVA, deshalb wird hier zusätzlich die Verschuldung der Jugendlichen mit in Betracht gezogen. Viele junge Verbraucher leben über ihre Verhältnisse, so ist ein beträchtlicher Anteil der Befragten bereits verschuldet. Durch die gestiegenen laufenden Kosten, wie Miete, Telefon etc. wird zwar weniger gespart, aber auf Konsum wird markenbewusst nicht verzichtet. (7)

Die Finanzkraft der jungen Verbraucher erfordert ein Umdenken im Marketing

Überraschend ist die Tatsache, dass sich sowohl Hersteller als auch Händler zu wenig für die Zielgruppe der Heranwachsenden engagieren. Die Ausnahme bildet hier die Süßwarenbranche.
Vor allem die Tatsache, dass sich z.B. 47% der Eltern beim Kauf der Lebensmittel nach ihren Kindern richtet, sollte Industrie und Handel dazu bewegen, diese Verbraucher-Gruppe bei ihren Marketing-Maßnahmen verstärkt zu berücksichtigen. Selbst bei der Wahl des Urlaubsortes üben die Kleinen fleißig Einfluss. (2), (5)
Allerdings zeigt sich eine Tendenz zum Umdenken. So werden z.B. auf dem zum ersten Mal angebotenen Kinder-Marketing-Tag der Leipziger Fachmesse für Geschenke und Wohnideen Cadeaux, die Kinder in den Mittelpunkt des Interesses gerückt. (1)
Diesen Umschwung erkennen auch die Mediaplaner, die Kinderprodukte betreuen. Bisher stand vor allem bei den großen Kunden das Fernsehen als Kommunikationsmittel an erster Stelle. Mittlerweile geht auch dieses Klientel verstärkt auf Printmedien über. (6)

Fallbeispiele

Kids-Verbraucher-Analyse 2003

Grundgesamtheit: 11,28 Millionen Kids und Teenager im Alter von sechs bis 19 Jahren in deutschen Privathaushalten
Erhebungseinheit: 2643 Heranwachsende und deren Eltern
Erhebungszeitraum: Januar / Februar 2003
Erhebungsmethode: Befragung
Durchgeführt wurde die KVA 2003 gemeinsam von den Verlagen Egmont Ehapa, Axel Springer und Bauer (Hamburg)
Ziel der Studie: Repräsentative Darstellung des Konsum- und Medienverhalten der jungen Zielgruppe (9)

KVA Kinder-Typologie

Als Ergänzung der Kids Verbraucheranalyse wurden im April 2002 bei 2000 Kids und deren

Erziehungsberechtigte Interviews durchgeführt, um die unterschiedlichen Charaktere der Kinder und Jugendlichen herauszufiltern.
Durchgeführt wurde die Befragung durch die Institute IFAK Institut GmbH&Co, Taunusstein und Marplan Forschungsges. mbH, Offenbach
Studiendesign: Institut Median
Geplanter Erscheinungszeitraum: alle zwei Jahre
Als Grundlage dient der Struwwelpeter mit seinen acht unterschiedlichen Kindertypen vom Suppenkaspar bis zum Zappelphilipp (4), (10)

Beispiel für Erkenntnisse aus der KVA Kinder-Typologie

Zappelphilipp und Zappelliese machen mit fast 50% die größte Gruppe aus, der Suppenkaspar tritt mit 3% auf und der Struwwelpeter bildet mit 2% eine klare Minderheit. (4)

Beispiele für Erkenntnisse aus der Kids-KVA

Printkonsum

Die Teenager geben das meiste Geld aus für Printmedien.
An erster Stelle bei den Mädchen liegt Bravo mit einer Reichweite von 27,4%, gefolgt von Bravo Girl und Mädchen. Bei den Jungen im gleichen Alter liegen Computer Bild (21,7%) und Computer Bild Spiele (21,6%) ganz vorne. (5)

Handys
79% der 13- bis 19-Jährigen besitzen ein Handy (eine Steigerung von 46% seit 2001), dennoch wünschen sich bereits 39% ein neueres Gerät.
50% der Teenager bezahlen ihre Handy-Kosten zum Teil vom Taschengeld.
Bei den 10- bis 12-Jährigen besitzt schon fast jedes dritte Kind ein Handy und schon 7% der 6- bis 9-Jährigen sind mit einem eigenen Mobiltelefon ausgerüstet. Bei 42% dieser Altersgruppe steht das Handy auf dem Wunschzettel. (9)

Web-Nutzung
Die Web-Nutzung hat in den letzten zwei Jahren zugenommen. Haben im Jahr 2001 noch 52% der Teens angegeben im Internet zu surfen, sind es 2003 schon 71%, sprich 37% mehr. (9)

Weiterführende Literatur

(1) Bock, Drago, Riesiges Potenzial lockt: Sechs- bis 19-Jährige verfügen über insgesamt rund 20 Milliarden Euro, LVZ/Leipziger-Volkszeitung, 09.09.2003, S. 7
aus Der Kontakter Nr. 28 vom 07.07.2003 Seite 047

(2) Kinder kennen keine Konsumkrise, Bonner General-Anzeiger, 10.07.2003, S. 18
aus Der Kontakter Nr. 28 vom 07.07.2003 Seite 047

(3) Studie: Kaufkraft der Sechs- bis 19-Jährigen erreicht einen neuen Spitzenwert Konsum steht bei Kids hoch im Kurs
aus Die Welt, Jg. 58, 10.07.2003, Nr. 158, S. 15

(4) Der schwierige Weg zur jungen Zielgruppe
aus Lebensmittel Zeitung 27 vom 04.07.2003 Seite 040

(5) Nachwuchs belebt die Märkte
aus HORIZONT 28 vom 10.07.2003 Seite 006

(6) Insel der Glückseligen
aus media & marketing Nr. 09 vom 01.09.2003 Seite 038

(7) Junge Verbraucher leben auf großem Fuß
aus Lebensmittel Zeitung 29 vom 18.07.2003 Seite 037

(8) Kampfetat zum Fest der Liebe
aus media & marketing Nr. 09 vom 01.09.2003 Seite 024

(9) Trotz voller Taschen keine Konsummonster

aus HORIZONT 29 vom 17.07.2003 Seite 020

(10) Zappelphilipps Kinder
aus media & marketing Nr. 07 vom 01.07.2003 Seite 050

Impressum

Zielgruppe Kinder und Jugendliche: Markenbewusstsein auf hohem Niveau

Bibliografische Information der deutschen Nationalbibliothek

Die Deutsche Nationalbibliothek verzeichnet diese Publikation in der deutschen Nationalbibliografie; detaillierte bibliografische Daten sind im Internet über http://dnb.d-nb.de abrufbar.

ISBN: 978-3-7379-0694-4

© 2015 GBI-Genios Deutsche Wirtschaftsdatenbank GmbH, Freischützstraße 96, 81927 München, www.genios.de

Alle Rechte vorbehalten. Dieses Werk ist einschließlich aller seiner Teile – z.B. Texte, Tabellen und Grafiken - urheberrechtlich geschützt. Jede Verwertung außerhalb der Grenzen des Urheberrechtsgesetzes bedarf der vorherigen Zustimmung des Verlags. Dies gilt insbesondere auch für auszugsweise Nachdrucke, fotomechanische

Vervielfältigungen (Fotokopie/Mikroskopie), Übersetzungen, Auswertungen durch Datenbanken oder ähnliche Einrichtungen und die Einspeicherung und Verarbeitung in elektronischen Systemen.